AF562745

25 Juillet 1784.

ORDONNANCE

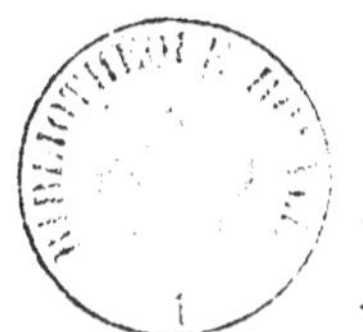

PROVISOIRE

DU ROI,

Concernant la formation & la solde de la Cavalerie.

Du 25 Juillet 1784.

DE PAR LE ROI.

SA MAJESTÉ voulant que les dispositions qu'Elle a arrêtées, relativement à la formation & à la solde de ses Troupes à cheval, & qui feront partie du Code qu'Elle se propose de donner à ses Troupes, aient incessamment leur exécution, Elle a ordonné & ordonne ce qui suit :

CAVALERIE.

ARTICLE PREMIER.

Composition des régimens.

CHAQUE régiment de Cavalerie, sera composé de quatre escadrons.

2.

Régiment des Carabiniers de Monsieur.

LE régiment des Carabiniers de MONSIEUR restera excepté de cette règle, & Sa Majesté se réserve d'expliquer, par une Ordonnance particulière à ce Corps, sa volonté sur sa formation.

3.

Escadrons ou compagnies.

CHAQUE escadron de Cavalerie sera formé d'une compagnie.

4.

Pied de paix & pied de guerre.

Sa MAJESTÉ distinguera, pour la composition de sa Cavalerie, un pied de paix & un pied de guerre.

5.

LE nombre des Officiers & des bas Officiers de tout grade, sera le même sur le pied de paix & sur le pied de guerre.

6.

Appointés.

SA MAJESTÉ veut bien rétablir, en faveur des huit plus anciens Cavaliers de chaque compagnie, le grade d'Appointé, qu'ils ont eu précédemment, sous la dénomination de *Carabiniers ;* & accorder le même grade au plus ancien Trompette de chaque régiment.

7.

Composition des escadrons ou compagnies.

CHAQUE escadron ou compagnie sera composé, sur le pied de paix, d'un Capitaine-commandant, d'un Capitaine en second, d'un Lieutenant en premier, (cette dénomination devant être substituée à celle de premier Lieutenant) d'un Lieutenant en second, de deux Sous-lieutenans, d'un Maréchal-des-logis en

25 Juillet 1784.

chef, d'un Fourrier, de quatre Maréchaux-des-logis, de huit Brigadiers, de huit Appointés, de quatre-vingts Cavaliers, dont huit conſervés à pied, & de deux Trompettes; au total de cent quatre bas Officiers, Cavaliers & Trompettes, commandés par ſix Officiers.

Création de trois Maréchaux-des-logis par compagnie.

8.

CHAQUE eſcadron ou compagnie ſera compoſé, ſur le pied de guerre, d'un Capitaine-commandant, d'un Capitaine en ſecond, d'un Lieutenant en premier, d'un Lieutenant en ſecond, de deux Sous-lieutenans, d'un Maréchal-des-logis en chef, d'un Fourrier, de quatre Maréchaux-des-logis, de huit Brigadiers, de huit Appointés, de cent quarante-quatre Cavaliers, dont douze conſervés à pied, & de trois Trompettes; au total de cent ſoixante-neuf bas Officiers, Cavaliers & Trompettes, commandés par ſix Officiers.

9.

IL y aura un Maréchal-ferrant dans le nombre des Cavaliers de chaque compagnie.

10.

Eſcouades.

LES Brigadiers, les Appointés & les Cavaliers de chaque compagnie, formeront huit eſcouades.

Ainſi, chaque eſcouade ſera compoſée, ſur le pied de paix, d'un Brigadier qui la commandera, d'un Appointé & de dix Cavaliers.

Elle ſera compoſée, ſur le pied de guerre, d'un Brigadier, d'un Appointé & de dix-huit Cavaliers.

11.

MAIS les eſcouades, ſur le pied de guerre, ou ſeulement portées à ſeize hommes, ſeront alors diviſées; & la ſeconde moitié de l'eſcouade ſera confiée à la police plus ſpéciale de l'Appointé, ſans ceſſer pour cela d'être aux ordres du Brigadier, qui en reſtera toujours reſponſable.

12.

SA MAJESTÉ ſe réſerve d'ordonner des augmentations progreſſives entre le pied de paix & le pied de guerre, ſelon qu'Elle le jugera à propos; ces augmentations portant ſur le nombre des Cavaliers de chaque eſcouade, & jamais ſur celui des bas Officiers.

13.

ELLE ſe réſerve de même de tenir les eſcouades de ſa Cavalerie au-deſſous du pied de paix, & de réduire le nombre des chevaux dans une plus grande proportion que celui des hommes, ſi Elle le jugeoit convenable.

14.

Subdiviſions.

LES huit eſcouades de chaque compagnie, commandées chacune par un Brigadier, formeront quatre ſubdiviſions de la compagnie; commandées chacune par un Maréchal-des-logis, & compoſées de deux eſcouades.

Diviſions.

Et les quatre ſubdiviſions de la compagnie, commandées chacune par un Maréchal-des-logis, formeront deux diviſions de la compagnie, commandées; la première, par le Lieutenant en premier, & ſous ſes ordres, par le premier Sous-lieutenant; & la ſeconde, par le Lieutenant en ſecond, & ſous ſes ordres, par le ſecond Sous-lieutenant.

15.

Comptes à rendre.

LE Brigadier ſera reſponſable de ſon eſcouade au Maréchal-des-logis de la ſubdiviſion duquel elle fait partie. Le Maréchal-des-logis le ſera de ſa ſubdiviſion au Sous-lieutenant de la diviſion dans laquelle elle eſt compriſe. Le Sous-lieutenant de chaque diviſion le ſera au Lieutenant qui la commande; le Lieutenant, au Capitaine en ſecond; le Capitaine en ſecond, au Capitaine-commandant; & chaque Capitaine-commandant

ſera

25 Juillet 1784.

ſera reſponſable de l'état de ſa compagnie ou eſcadron, au Major.

16.

Trompettes.

TOUS les Trompettes ſeront commandés par le plus ancien d'entr'eux, ayant le grade d'Appointé; ils ſeront néanmoins ſoumis à l'autorité, police & diſcipline des Officiers & bas Officiers de leurs compagnies.

17.

Maréchal-des-logis en chef.

LE Maréchal-des-logis en chef de chaque compagnie en commandera tous les bas Officiers & Cavaliers, ſubordonnément aux Officiers.

Ses fonctions.

Il ſera particulièrement chargé de tous les détails du ſervice & de la diſcipline, dont il ſera reſponſable aux Officiers de ſa compagnie.

Fourrier: ſes fonctions.

Le Fourrier aura le rang de Maréchal-des-logis, & commandera à ſon rang parmi eux. Il dreſſera tous les états & tiendra les livres & regiſtres; & il ſera reſponſable de tous les détails de diſtribution & de comptabilité, au Quartier-maître; il pourvoira au logement de la compagnie.

18.

INDÉPENDAMMENT des Capitaines-commandans & en ſecond, des Lieutenans en premier & en ſecond, & des deux Sous-lieutenans en pied; Sa Majeſté a jugé à propos d'attacher à chaque eſcadron ou compagnie de Cavalerie, un *Capitaine* & un *Sous-lieutenant de remplacement*.

Capitaines & Sous-lieutenans de remplacement.

19.

CES Officiers ne recevront point d'appointemens. Ils auront, ſur le pied de paix, le logement & une place de fourrage, quand ils ſeront à leur Corps; l'étape en route; & ſur le pied de guerre, le nombre de rations de pain & de fourrage attribuées à leur grade.

20.

Service des Capitaines de remplacement.

Le Capitaine de remplacement attaché à chaque compagnie, la commandera au défaut des Capitaines-commandans & en second de cette compagnie, ou subordonnément à eux quand ils seront présens, & supérieurement aux Lieutenans.

21.

Nomination aux emplois de Capitaine de remplacement.

Les Mestres-de-camp-propriétaires ou Commandans, proposeront aux emplois de Capitaine de remplacement; d'abord & selon le rang d'ancienneté de leurs réformes; les Capitaines réformés à la suite de leurs régimens, qui ont un titre à leur remplacement par une finance.

Et après les Capitaines réformés avec finance, les Mestres-de-camp-propriétaires ou Commandans, pourront proposer aux emplois de Capitaine de remplacement, des Capitaines à la suite de leurs régimens, qui n'auront point eu de titre à leur remplacement par finance, & auxquels Sa Majesté ne prétend donner aucun droit; ou bien d'autres Officiers tirés de leurs régimens, ou de tout autre, qu'ils jugeront convenir auxdits emplois.

22.

Mais Sa Majesté exige, que les Officiers qui lui seront proposés pour Capitaines de remplacement, après l'extinction des réformes avec finance, aient au moins l'âge de dix-huit ans, & trois ans de service, en qualité de Lieutenans ou de Sous-lieutenans.

Âge & services exigés.

Elle permet que des Officiers soient tirés de l'Infanterie, pour être nommés à des emplois de Capitaine de remplacement des Troupes à cheval; & que des Officiers des troupes à cheval soient nommés Capitaines de remplacement de l'Infanterie.

23.

Les Capitaines de remplacement tirés d'entre les

25 Juillet 1784

Capitaines réformés avec finance, & ayant le droit de remplacement, seront nommés à leur rang, aux emplois de Capitaine en second à mesure qu'ils vaqueront; mais les Capitaines de remplacement qui succéderont à ceux-là & qui seront tirés, ou des Lieutenans, ou des Sous-lieutenans, ou même des Capitaines à la suite sans titre à leur remplacement par finance, ne seront plus nommés auxdits emplois de Capitaine en second, que concurremment avec les Lieutenans & à leur rang de Lieutenant; & s'ils n'avoient pas été Lieutenans, ils ne concourroient avec les Officiers de ce grade, que comme s'ils avoient eu des lettres de Lieutenant, de la date de leurs commissions de Capitaine.

24.

Les Officiers de ces différens grades ne seront cependant nommés aux emplois, dont il vient d'être fait mention, qu'autant qu'ils satisferont, jusqu'à ce qu'elle soit éteinte, à la finance qui y sera encore attachée.

25.

Les deux troisièmes Sous-lieutenans des deux premières compagnies de chaque régiment de Cavalerie, prendront, au lieu de ce titre que Sa Majesté supprime, celui de *Sous-lieutenans de remplacement.*

Nomination aux emplois de Sous-lieutenant de remplacement.

Les Mestres-de-camp-propriétaires ou Commandans, proposeront aux emplois de Sous-lieutenant de remplacement des deux autres compagnies, & ensuite à ces quatre emplois lorsqu'ils viendront à vaquer, des Sous-lieutenans à la suite de leurs régimens, & de nouveaux Sujets à l'alternative ou par moitié; c'est-à-dire, que lorsqu'il y aura à la fois plusieurs Sous-lieutenans à remplacer & plusieurs emplois à nommer, ils seront donnés moitié aux premiers & moitié à de nouveaux Sujets; & lorsqu'ensuite il n'y aura plus à la fois qu'un emploi à donner, il le fera à l'alternative; d'abord à un Sous-lieutenant à la fuite, & après à un nouveau Sujet. Lorfqu'il ne reftera plus de Sous-lieutenans à la fuite d'un régiment, le Meftre-de-camp-propriétaire ou Commandant pourra propofer de nouveaux Sujets à tous les emplois de Sous-lieutenant de remplacement.

26.

Suite des difpofitions relatives aux Officiers réformés & à la fuite, & aux emplois de remplacement.

Les Capitaines réformés & Sous-lieutenans à la fuite d'un régiment, feront nommés, conféquemment aux difpofitions précédentes, aux emplois de Capitaine & de Sous-lieutenant de remplacement, à leur rang. Ceux qui ne pourront l'être encore, attendront chez eux leur rang à être rappelés & remplacés, & jufqu'à ce qu'ils le foient, ils ne feront tenus à aucun fervice : ils auront foin d'inftruire les Meftres-de-camp-commandans des régimens, à la fuite defquels ils font réformés, du lieu de leur demeure, afin que ces Meftres-de-camp puiffent leur annoncer leur remplacement, & leur donner alors les ordres néceffaires. Veut Sa Majefté, en inftituant en faveur des Capitaines réformés de fes Troupes à cheval, quatre emplois par régiment, au moyen defquels Elle leur rend une plus prompte activité, que les quatre premiers Capitaines réformés de chaque régiment, & les premiers à remplacer, attendent dans ces emplois leur rang à être Capitaines en fecond, & qu'aucun d'eux ne puiffe être Capitaine en fecond, qu'il n'ait été Capitaine de remplacement : Entend enfin Sa Majefté, que les Officiers qui ne profiteroient pas des moyens que fa bonté leur offre, d'être remplacés à leur rang, & de rentrer en activité à fon fervice, perdent dès-lors leur droit à l'être, & que leur rang foit paffé.

27.

Les Officiers à la fuite pourront encore être propofés par les Meftres-de-camp-propriétaires ou Commandans de

25 Juillet 1784.

de tout régiment & de toute arme, à tels emplois de Capitaine de remplacement, ou de Sous-lieutenant en pied ou de remplacement, auxquels il conviendroit à ces Meſtres-de-camp de les propoſer comme nouveaux ſujets, en obſervant ce qui eſt preſcrit dans les articles 21 & 25, relativement à la nomination de ceux-ci.

28.

SA MAJESTÉ ne s'aſtreint cependant plus, après le remplacement des Capitaines réformés & Sous-lieutenans à la ſuite, à nommer à tous les emplois de Capitaine & de Sous-lieutenant de remplacement : Elle n'entend même ſoutenir l'inſtitution de ces emplois qu'autant de temps qu'Elle le jugera à propos.

Sa Majeſté n'exigeant point des Meſtres-de-camp, après l'extinction des réformes, de propoſer à tous les emplois de remplacement au complet, Elle entend qu'ils ne propoſent à ces emplois que des ſujets qui pourront y convenir, & à qui leur fortune permettra de ſe paſſer des appointemens qu'il n'eſt pas entré dans ſes vues de leur attribuer.

Elle ſe réſerve, indépendamment des propoſitions des Meſtres-de-camp, de nommer à des emplois de Capitaine ou de Sous-lieutenant de remplacement, des ſujets à qui il lui conviendra de les donner.

29.

LES Meſtres-de-camp-propriétaires ou Commandans, propoſeront, s'ils le jugent à propos, des Sous-lieutenans de remplacement aux emplois de Sous-lieutenant en pied, & avec appointemens; mais les Sous-lieutenans de remplacement n'y auront aucun droit.

Rang des Sous-lieutenans de remplacement.

Ils conſerveront néanmoins en reſtant Sous-lieutenans de remplacement, leur rang parmi les Sous-lieutenans en pied, & ils concourront avec eux ſelon la date de leurs brevets de Sous-lieutenant, tant pour le commandement & le service, que pour être nommés aux emplois de Lieutenant en second.

30.

Cadets-Gentils-hommes.

MAIS l'intention de Sa Majesté est, que dans les régimens où il reste encore des Cadets-gentilshommes & jusqu'à ce qu'ils soient éteints, les Mestres-de-camp-propriétaires ou Commandans, les proposent aux emplois de Sous-lieutenant en pied & avec appointemens, de préférence aux Sous-lieutenans de remplacement ou à tout autre sujet, hors qu'il n'y ait, relativement à ces Cadets-gentilshommes, des raisons d'exclusion ou de retard, dont il sera rendu compte au Secrétaire d'État de la guerre, qui prendra les ordres de Sa Majesté à leur égard.

31.

VEUT même Sa Majesté que les Cadets-gentilshommes déjà nommés Sous-lieutenans ou qui le seront à l'avenir, reprennent le rang sur les Sous-lieutenans en pied ou de remplacement, promus à ce grade de préférence à eux, & d'une date postérieure à celle dont ils sont Cadets-gentilshommes; Sa Majesté, conséquemment à l'article précédent, exceptant de ce rang à leur rendre, le cas où la nomination de ces Cadets-gentilshommes à un emploi de Sous-lieutenant, auroit été retardée pour quelque raison de mécontentement ou de négligence de service.

32.

Pages & Élèves de l'École-militaire.

SA MAJESTÉ se réserve de nommer ses Pages & les Élèves de l'École-militaire, à tels emplois qu'il lui conviendra de leur donner, & à quelque époque de l'année que ce soit indistinctement.

Et si quelques-uns ont été nommés ou sont encore à l'avenir nommés Sous-lieutenans, avant des Cadets-gentilshommes placés avant eux dans le régiment où ils entrent, ils feront foumis à la règle par laquelle Sa Majefté rend à ceux-ci devenus Sous-lieutenans, le rang fur eux.

33.

Âge & preuves exigées pour être Sous-lieutenant en pied ou de remplacement.

Aucun fujet ne fera propofé par un Meftre-de-camp-propriétaire ou Commandant, pour être Sous-lieutenant en pied ou de remplacement, qu'autant qu'il aura l'âge de quinze ans révolus, & qu'il aura fait devant le Généalogifte de Sa Majefté les mêmes preuves de nobleffe exigées pour les Élèves de l'École-militaire. Il fera tenu de produire fon extrait de baptême avec le certificat de ce Généalogifte; & ces deux pièces feront annexées au Mémoire du Meftre-de-camp qui le propofera.

Sa Majefté excepte de cette règle les fils des Chevaliers de Saint-Louis : Elle permet qu'ils lui foient propofés, en produifant les brevets de leurs pères, ou des certificats authentiques qu'ils ont été décorés de la Croix de Saint-Louis; & ces pièces feront jointes, avec leur extrait de baptême, au Mémoire qui les propofera.

34.

Service des Sous-lieutenans de remplacement.

Les Sous-lieutenans de remplacement, feront attachés, ainfi que le premier Sous-lieutenant, à la première divifion de leur compagnie; lorfqu'ils feront préfens, ils feront chargés fpécialement de la feconde fubdivifion de cette divifion. Le Maréchal-des-logis qui la commande, leur rendra compte, & ils rendront compte eux-mêmes au Lieutenant. Le premier Sous-lieutenant n'aura alors à rendre compte à celui-ci que de la première fubdivifion de fa divifion.

35.

Temps de leur fervice.

Ils ne feront tenus de fervir pendant la paix, que du

1.er de Juin au 1.er d'Octobre, hors que des ordres particuliers n'apportent des changemens à cette disposition.

36.

Et de celui des Capitaines de remplacement.

IL en sera de même des Capitaines de remplacement.

37.

LORSQUE les Capitaines de remplacement seront présens, ils seront attachés spécialement à la seconde division de leur compagnie, dont le Lieutenant en second leur rendra compte, & ils en seront responsables au Capitaine-commandant. Le Capitaine en second n'aura alors à rendre compte à celui-ci que de la première division.

38.

AU moyen d'une place de fourrage, accordée par l'article 19 aux Capitaines & Sous-lieutenans de remplacement, pendant les quatre mois qu'ils seront à leurs Corps, ils seront tenus d'y avoir un cheval d'escadron.

39.

Création de deux Porte-étendards & d'un Adjudant.

SA MAJESTÉ a jugé nécessaire à son service, d'attacher un étendard à chaque escadron de ses Troupes à cheval, & d'établir dans chaque régiment un Adjudant de plus, un seul ne suffisant pas à toutes les fonctions & aux détails dont il étoit chargé.

État-major.

En conséquence l'État-major de chaque régiment de Cavalerie, sera composé à l'avenir, d'un Mestre-de-camp-commandant, d'un Mestre-de-camp en second, d'un Lieutenant-colonel, d'un Major, d'un Quartier-maître-trésorier, de quatre Porte-étendards, de deux Adjudans, d'un Chirurgien-major, d'un Aumônier, d'un maître Maréchal, d'un maître Sellier & d'un Armurier.

40.

OUTRE les Officiers supérieurs ci-dessus désignés, Sa

Sa Majesté conserve au régiment Royal-Allemand & à celui de Nassau-Saarbruck, leurs Mestres-de-camp-propriétaires.

41.

Fonctions du Major.

LE Major de chaque régiment, continuera d'y surveiller tous les détails de service, police & discipline.

Comptes à rendre par les Officiers supérieurs de l'État-major.

Les Capitaines-commandans, conséquemment à l'article 15, lui rendront compte : il rendra compte au Lieutenant-colonel ; le Lieutenant-colonel au Mestre-de-camp en second ; & le Mestre-de-camp en second au Mestre-de-camp-commandant.

Indépendamment des comptes que le Mestre-de-camp-commandant doit rendre à l'Inspecteur de son régiment, au Commandant de la Province, & au Secrétaire d'État de la guerre, il rendra compte au Mestre-de-camp-propriétaire, dans les régimens à la tête desquels Sa Majesté a jugé à propos d'en établir.

42.

Quartier-maître.

LE Quartier-maître-trésorier de chaque régiment aura le rang de Lieutenant.

Porte-étendards.

Les Porte-étendards auront celui de derniers Sous-lieutenans.

Adjudans.

Et les Adjudans, celui de premiers Maréchaux-des-logis en chef. Ils commanderont à tous les Maréchaux-des-logis en chef, & conséquemment à tous les Maréchaux-des logis.

Maître Maréchal. Maître Sellier.

Le maître Maréchal & le maître Sellier, auront le rang de Maréchaux-des-logis.

43.

L'INTENTION de Sa Majesté étant que les Adjudans ne perdent point, en continuant d'être Adjudans, les avantages & les récompenses que leurs services les mettront dans le cas de mériter, ils dateront, ſans être Officiers, pour toute eſpèce de récompenſe & de grâce, de l'époque à laquelle, à leur ancienneté de Maréchaux-des-logis en chef, ils auroient pu mériter de l'être. Cette date ſera pour eux celle de laquelle un Maréchal-des-logis en chef moins ancien qu'eux, auroit été fait Officier; & lorſqu'enſuite ils le ſeront eux-mêmes, ils reprendront leur rang ſur ce dernier.

44.

Apointemens, ſolde & maſſes.

SA MAJESTÉ a réſolu d'accorder à ſes Troupes à cheval une augmentation de paye pendant la guerre; & voulant en outre apporter à l'état de quelques grades des changemens, dont l'objet eſt ſur-tout de diſtinguer les anciens Officiers, Elle a arrêté que les appointemens, ſolde & maſſes, ſeroient payés à l'avenir à ſes régimens de Cavalerie ainſi qu'il ſuit.

45.

Appointemens, pied de paix. État-major.

PAR an, ſur le pied de paix:

Au Meſtre-de-camp-commandant de chaque régiment de Cavalerie, *quatre mille livres.*

Au Meſtre-de-camp en ſecond, *dix-huit cents livres.*

Au Lieutenant-colonel, *trois mille huit cents livres.*

Au Major, *trois mille deux cents livres.*

Au Quartier-maître-tréſorier, *douze cents livres*, ou par mois *cent livres.*

A chaque Porte-étendard, *ſept cents vingt livres*, ou par mois *ſoixante livres.*

Au Chirurgien-major; *douze cents livres*, ou par mois *cent livres.*

A l'Aumônier, *ſix cents livres*, ou par mois *cinquante livres.*

A chaque Adjudant, *cinq cents quarante livres*, ou *trente ſous* par jour, ou par mois *quarante-cinq livres.*

Officiers des compagnies.

Au premier Capitaine-commandant de chaque régiment, *deux mille cinq cents livres.*

A chacun des trois autres Capitaines-commandans, *deux mille quatre cents livres.*

Au premier Capitaine en ſecond de chaque régiment, *dix-huit cents livres.*

A chacun des trois autres Capitaines en ſecond, *ſeize cents livres.*

A chaque Lieutenant en premier, *mille livres.*

A chaque Lieutenant en ſecond, *neuf cents livres.*

A chaque Sous-lieutenant en pied, *ſept cent vingt livres.*

Augmentation ſur le pied de guerre.

Tous les appointemens ci-deſſus ſeront augmentés d'un quart en ſus, ſur le pied de guerre.

46.

Solde, pied de paix. Bas Officiers.

PAR jour, ſur le pied de paix.

A chaque Maréchal-des-logis en chef, *vingt ſous.*

A chaque autre Maréchal-des-logis ou Fourrier, *ſeize ſous.*

A chaque Brigadier, *dix ſous quatre deniers.*

Au premier Appointé de chaque compagnie, *huit ſous huit deniers.*

A chaque autre Appointé, *huit ſous deux deniers.*

A chaque Cavalier, *ſept ſous huit deniers.* *Cavaliers.*

Au premier Trompette de chaque régiment, ayant le grade d'Appointé, *ſeize ſous.* *Trompettes.*

A chaque autre Trompette, *quinze ſous.*

Au maître Maréchal, *ſeize ſous huit deniers.* *Maître Maréchal.*

Au maître Sellier, *ſeize ſous huit deniers.* *Maître Sellier.*

A l'Armurier, *ſept ſous huit deniers.* *Armurier.*

47.

VEUT Sa Majeſté, que ſur la ſolde attribuée par l'article précédent à chaque bas Officier, Cavalier, Trompette, maître Maréchal ou Sellier, & Armurier, il lui ſoit retenu ſeize deniers par jour, pour former une *Maſſe de linge & chauſſure :* cette Maſſe ſera conſervée dans la caiſſe du Régiment, & le décompte en ſera fait aux ſuſdits bas Officiers & Cavaliers, tous les quatre mois. *Maſſe de linge & chauſſure.*

48.

LA moitié de la ſolde de tous les bas Officiers & Cavaliers abſens par congé, & la ſolde entière de ceux qui n'auront pas rejoint à l'expiration de leurs congés, seront réunies à ladite Masse.

49.

Supplément de solde sur le pied de guerre.

LES objets d'entretien auxquels est destinée la Masse de linge & chaussure devenant plus dispendieux pendant la guerre; Sa Majesté accorde par jour, sur le pied de guerre, un supplément de solde de huit deniers à chaque bas Officier, Cavalier, Trompette, maître Maréchal ou Sellier, & Armurier : ce supplément sera réuni à la Masse de linge & chaussure en augmentation de cette Masse.

50.

LES Adjudans seront exceptés des dispositions relatives à la Masse de linge & chaussure, à laquelle ils n'auront nulle part. Il ne leur sera point fait de retenue pour y fournir; & ils ne recevront point, pendant la guerre, le supplément de solde établi par l'article précédent.

51.

Masse générale.

IL sera formé une *Masse générale*, pour laquelle Sa Majesté fera payer sur le pied de paix; cent vingt-huit livres par an, par chaque Adjudant, Maréchal-des-logis en chef, Fourrier, Maréchal-des-logis, maître Maréchal, maître Sellier, Brigadier, Appointé, Cavalier, Trompette & Armurier monté; & cinquante-six livres seulement par chaque Cavalier non monté : cette masse destinée aux dépenses de recrues, de remontes, d'habillement, d'équipement, d'entretien & de réparations, sera chargée en outre de la retenue de la Capitation & des Quatre deniers pour livre de tous les appointemens & de la solde. Elle sera payée par mois au complet, au Quartier-maître-trésorier de chaque régiment, & déposée dans sa caisse; & elle sera régie par le Conseil d'administration.

52.

Masse des chevaux des Porte-étendards.

IL sera ajouté à cette Masse, cent livres par an, pour l'achat, l'achat, renouvellement & entretien du cheval de chaque Porte-étendard.

53.

Augmentation à la masse générale sur le pied de guerre.

LA Masse générale, sera sur le pied de guerre, de cent quarante-quatre livres par an, par chaque bas Officier & Cavalier monté; & de soixante-trois livres par chaque Cavalier non monté. Elle sera de cent cinquante livres pour le cheval de chaque Porte-étendard.

54.

MAIS l'intention de Sa Majesté n'est pas qu'un régiment, sur le pied de guerre quant au nombre, soit pour cela sur le pied de guerre quant à la solde. Ce dernier n'aura lieu que de l'époque à laquelle Sa Majesté l'ordonnera.

55.

Armement.

L'ARMEMENT de la Cavalerie continuera de lui être fourni des magasins de Sa Majesté.

56.

TOUTES les dispositions prescrites par la présente Ordonnance, relativement aux appointemens, à la solde & aux masses, auront lieu de l'époque fixée pour son exécution; mais Sa Majesté en donnant leur effet, à l'instant même, aux augmentations qu'Elle accorde, ne veut pas qu'aucun Officier perde rien de son état actuel. En conséquence, Elle ordonne que les Capitaines en second actuels, dont les appointemens seront de seize cents livres, reçoivent en supplément sur la Masse générale, la somme nécessaire pour parfaire les mêmes appointemens dont ils jouissoient, sans que ce supplément puisse aucunement s'étendre à ceux qui leur succéderont dans leurs emplois.

57.

Régimens de Chevaux-légers.

VEUT au surplus Sa Majesté que les six régimens de Chevaux-légers soient réunis à sa Cavalerie; qu'ils aient, ſur tous les points, la formation fixée par la préſente Ordonnance pour ſes régimens de Cavalerie; qu'ils ſoient payés des mêmes appointemens, ſolde & maſſes; & qu'ils n'en diffèrent en aucune manière.

Ces régimens conſerveront, comme derniers régimens de Cavalerie, le rang qu'ils ont déjà.

Le premier régiment de Chevaux-légers prendra à l'avenir le nom de l'*Orléanois.*

Le ſecond celui des *Évêchés.*

Le troiſième celui de *Franche-comté.*

Le quatrième celui de *Septimanie.*

Le cinquième celui de *Quercy.*

Et le ſixième régiment prendra le nom de la *Marche.*

58.

LES compagnies des ſuſdits régimens n'ayant point de finances; Veut Sa Majeſté que les Lieutenans en premier y paſſent à leur rang aux emplois de Capitaine en ſecond, ſans autre concurrence que celle des Capitaines de remplacement, ainſi qu'il eſt dit, article 23 de cette Ordonnance. Son intention eſt que l'avancement des Lieutenans, à leur rang, au grade de Capitaine en ſecond, & enſuite de Capitaine-commandant, ſoit dès-à-préſent dans ces régimens, tel qu'il ſera dans toutes ſes Troupes à cheval, à meſure que les finances attachées aux emplois y ſeront éteintes.

59.

VEUT Sa Majeſté qu'il ſoit payé aux Meſtres-de-camp-commandans actuels de ces régimens, deux mille livres par an de ſupplément d'appointemens, en augmentation de ceux que leur aſſigne la préſente Ordonnance, & pour parfaire les mêmes appointemens dont ils jouiſſoient; ſans que ce ſupplément puiſſe s'étendre à leurs ſucceſſeurs.

60.

Pour parvenir dans chaque régiment à l'exécution de la présente Ordonnance, l'Inspecteur à qui Sa Majesté en aura donné l'ordre, fera monter ce régiment à cheval après en avoir prévenu le Commandant de la Place où il sera en garnison, & en présence du Commissaire des guerres qui en aura la police.

Exécution de la présente Ordonnance.

61.

Cet Inspecteur fera une revue de ce régiment, & le Commissaire des guerres fera en même temps la sienne, pour servir au payement dudit régiment jusqu'au jour de sa nouvelle composition exclusivement.

Revues de l'Inspecteur & du Commissaire des guerres.

62.

Les deux anciens Porte-étendards placés au premier & au second escadron, l'Inspecteur fera recevoir à ce même emploi, à la tête du troisième & du quatrième escadron, les deux bas Officiers que Sa Majesté y aura nommés.

Réception de deux nouveaux Porte-étendards.

63.

Il ordonnera au Mestre-de-camp-commandant, de choisir entre tous les Maréchaux-des-logis en chef, Maréchaux-des-logis & Fourriers, le sujet qu'il jugera le plus propre à remplir la seconde place d'Adjudant, & il sera reçu aussi-tôt à cet emploi.

Choix & réception du second Adjudant.

Les sujets qui remplaceront les deux nouveaux Porte-étendards & le nouvel Adjudant aux emplois qu'ils quitteront, seront nommés en même-temps & reçus aussi-tôt, ainsi que ceux qui seront choisis pour les douze places nouvelles de Maréchal-des-logis que Sa Majesté a créées.

Maréchaux-des-logis.

Il en sera de même des Cavaliers qui seront promus au grade de Brigadier.

Brigadiers.

64.

Appointés. L'INSPECTEUR ordonnera enſuite que les huit plus anciens Cavaliers de chaque compagnie ſoient reconnus pour Appointés, ainſi que le plus ancien Trompette de chaque régiment.

65.

Répartition des Cavaliers, & formation des eſcouades. IL ordonnera que les Cavaliers de chaque compagnie y ſoient répartis dans les eſcouades à leur rang; le plus ancien Cavalier dans la première, le ſecond dans la ſeconde, le troiſième dans la troiſième, le quatrième dans la quatrième, le cinquième dans la cinquième, le ſixième dans la ſixième, le ſeptième dans la ſeptième, le huitième dans la huitième, & enſuite le neuvième dans la première, le dixième dans la ſeconde, & ainſi de ſuite, en comprenant dans cette répartition & à leur rang, les Cavaliers qui ſe trouveroient aux hôpitaux ou abſens:

Que les eſcouades ainſi formées, le premier Brigadier de chaque compagnie & ſous lui le premier Appointé, aient le commandement de la première; le ſecond Brigadier & le ſecond Appointé celui de la ſeconde, & ainſi de ſuite:

Formation des ſubdiviſions. Qu'enſuite les ſubdiviſions ſoient formées, la première, de la première & cinquième eſcouades; la ſeconde, de la ſeconde & ſixième, &c. & que les Maréchaux-des-logis prennent le commandement de ces ſubdiviſions à leur rang; le premier celui de la première, le ſecond celui de la ſeconde, & ainſi de ſuite.

66.

MAIS ce rang une fois établi entre les eſcouades & les ſubdiviſions, l'Inſpecteur ordonnera qu'il reſte à perpétuité le même, c'eſt-à-dire, que l'eſcouade déſignée la première ſoit toujours la première, l'eſcouade déſignée la ſeconde toujours la ſeconde, &c. quel que ſoit le rang des Brigadiers qui les commanderont:

Que

23 Juillet 1784

Que de même les ſubdiviſions une fois établies première, ſeconde, &c. & formées à perpétuité des mêmes eſcouades, conſervent toujours le même rang entr'elles, quel que ſoit celui des Maréchaux-des-logis qui les commanderont:

Diviſions intérieures des compagnies, invariables.

Qu'ainſi les diviſions intérieures des compagnies n'éprouvent de changemens que par les recrues, ou par le remplacement des bas Officiers promus à de nouveaux grades.

67.

Formation des diviſions.

ENFIN il ordonnera que les diviſions ſoient formées; la première, de la première & troiſième ſubdiviſions; la ſeconde, de la ſeconde & quatrième ſubdiviſions.

Et que dans chaque compagnie, le Lieutenant en premier, & ſous ſes ordres le premier Sous-lieutenant, aient le commandement, l'inſpection & la police ſpéciale de la première diviſion; & de même le Lieutenant en ſecond, & ſous ſes ordres le ſecond Sous-lieutenant, celui de la ſeconde diviſion.

68.

Formation des chambrées & des ordinaires.

LES chambrées & les ordinaires ſeront formées, autant qu'il ſe pourra, dans l'ordre des eſcouades, ſubdiviſions & diviſions, ci-deſſus indiqué; de manière que les Cavaliers des mêmes eſcouades, ſubdiviſions & diviſions, logeant & vivant, ou enſemble, ou le plus près qu'il ſe pourra, ſoient conſtamment ſoumis à la vigilance & police des mêmes bas Officiers.

Mais ces diviſions de police intérieure ſeront ſubordonnées dans l'ordre de bataille, à ce que preſcrit l'Ordonnance de l'exercice, relativement à la diſpoſition des Cavaliers dans le rang, & aux diviſions qui doivent y être obſervées.

69.

APRÈS ces diſpoſitions relatives à l'ordre intérieur des

compagnies, l'Inſpecteur ordonnera que les deux troiſièmes Sous-lieutenans déjà attachés aux deux premières compagnies, y ſoient reconnus comme Sous-lieutenans de remplacement.

Officiers de remplacement.

Et ſi Sa Majeſté a nommé aux emplois de Capitaine de remplacement, que les brevets en aient été expédiés, & que les Officiers pourvus de ces emplois ſoient préſens, l'Inſpecteur les fera recevoir en cette qualité.

Il fera recevoir de même les Sujets à qui Sa Majeſté auroit accordé des emplois de Sous-lieutenant de remplacement.

Si Sa Majeſté n'a point nommé à tous ou à une partie des emplois de Capitaine & de Sous-lieutenant de remplacement, l'Inſpecteur préviendra le Meſtre-de-camp-commandant, qu'il pourra propoſer au Secrétaire d'État de la guerre les Officiers ayant droit de remplacement, ou ceux qu'il jugera y convenir, en ſe conformant à tout ce que preſcrit la préſente Ordonnance relativement auxdits emplois.

70.

Seconde revue.

CES différentes opérations terminées, l'Inſpecteur fera une revue du régiment : le Commiſſaire des guerres fera auſſi la ſienne, pour ſervir, à compter de ce jour, au nouvel état d'appointemens & de ſolde & de la maſſe. Il conſtatera la nouvelle compoſition du régiment par un procès-verbal, dont un double ſera adreſſé au Secrétaire d'État de la guerre, & un autre au Tréſorier.

Procès-verbal de la nouvelle compoſition.

71.

LE régiment étant de retour dans ſes quartiers, l'Inſpecteur fera aſſembler le Conſeil d'adminiſtration : il examinera les fonds reſtans en caiſſe, & fera former des états ſéparés, tant de l'argent de la Maſſe générale que de celui de la Maſſe de linge & chauſſure, & de celle

Examen des fonds en caiſſe.

25 Juillet 1784

des quinze livres qui appartiennent à chaque homme, & qui continuera d'avoir lieu comme auparavant. Il fera certifier ces états par le Conſeil d'adminiſtration, & il les viſera: ils formeront le premier article de ceux que la nouvelle compoſition exige. L'Inſpecteur adreſſera au Secrétaire d'État de la guerre des doubles de tous les états que ſon opération l'aura mis dans le cas de former.

MANDANT Sa Majeſté au ſieur Marquis de Béthune, Colonel général, & au ſieur Duc de Caſtries, Meſtre-de-camp général de la Cavalerie, de tenir la main à l'exécution de la préſente Ordonnance.

MANDE & ordonne Sa Majeſté aux Officiers généraux ayant commandement ſur ſes Troupes, aux Gouverneurs, Lieutenans généraux, Commandans en chef & en ſecond dans ſes provinces, aux Inſpecteurs généraux de ſes Troupes, aux Gouverneurs & Commandans de ſes Villes & Places, aux Meſtres-de-camp de ſes régimens de Cavalerie, aux Intendans en ſes provinces & ſur ſes frontières, aux Commiſſaires des guerres, & à tous autres ſes Officiers qu'il appartiendra, de tenir la main à l'exécution de la préſente Ordonnance.

FAIT à Verſailles le vingt-cinq juillet mil ſept cent quatre-vingt-quatre. *Signé* LOUIS. *Et plus bas*. LE M.[AL] DE SÉGUR.

ARMAND, MARQUIS DE BÉTHUNE, Chevalier des Ordres du Roi, Lieutenant général de ſes Armées, Colonel général de la Cavalerie.

VU l'Ordonnance de Sa Majeſté du 25 Juillet, par laquelle Elle explique ſes intentions ſur la formation & la ſolde de la Cavalerie; ladite Ordonnance à nous adreſſée avec ordre de tenir la main à ce qu'elle ſoit exactement obſervée.

MANDONS à M. le duc de Caſtries, Meſtre-de-camp-général de la Cavalerie, de tenir la main à ce que ladite Ordonnance, ſoit ponctuellement exécutée : ORDONNONS à tous Brigadiers, Meſtres-de-camp, Lieutenans-colonels, Majors, Capitaines & autres Officiers de Cavalerie, de s'y conformer, & de la faire exécuter ſelon ſon contenu, chacun en ce qui les concerne ; & feront ladite Ordonnance & la préſente, afin qu'aucun n'en prétende cauſe d'ignorance, publiées à la tête des régimens de Cavalerie : En témoin de quoi nous avons fait expédier la préſente, que nous avons ſignée de notre main & fait contre-ſigner par le Secrétaire général de la Cavalerie.

DONNÉ à Paris, le trente juillet mil ſept cent quatre-vingt-quatre. *Signé* LE M.^{IS} DE BÉTHUNE. *Et plus bas,* Par Monſeigneur. *Signé* ROBERT DE FREMUSSON.

TABLEAU

TABLEAU des Appointemens & Solde.

CAVALERIE.	PIED DE PAIX. Par jour.	Par mois.	Par an.	PIED DE GUERRE. Par jour.	Par mois.	Par an.
Au premier Capitaine-commandant de chaque régiment, six livres dix-huit sous dix deniers deux tiers sur le pied de paix; & huit livres treize sous sept deniers un tiers sur le pied de guerre, ci.........	6l 18s 10d ⅔	208l 6s 8d	2500l	8l 13s 7d ⅓	260l 8s 4d	3125l
A chacun des trois autres Capitaines-commandans, six livres treize sous quatre deniers en paix; & huit livres six sous huit deniers en guerre..................	6. 13. 4	200. ″ ″	2400.	8. 6. 8	250. ″ ″	3000.
Au premier Capitaine en second, cinq livres en paix; & six livres cinq sous en guerre..........	5. ″ ″	150. ″ ″	1800.	6. 5. ″	187. 10. ″	2250.
A chacun des trois autres Capitaines en second, quatre livres huit sous dix deniers deux tiers en paix; & cinq livres onze sous un denier & demi en guerre............	4. 8. 10 ⅔	133. 6. 8	1600.	5. 11. 1 ½	166. 13. 4	2000.
A chaque Lieutenant en premier, deux livres quinze sous six deniers deux tiers en paix; & trois livres neuf sous cinq deniers un tiers en guerre.............	2. 15. 6 ⅔	83. 6. 8	1000.	3. 9. 5 ⅓	104. 3. 4	1250.
A chaque Lieutenant en second, deux livres dix sous en paix; & trois livres deux sous six deniers en guerre.................	2. 10. ″	75. ″ ″	900.	3. 2. 6	93. 15. ″	1125.
A chaque Sous-lieutenant en pied, deux livres en paix; & deux livres dix sous en guerre......	2. ″ ″	60. ″ ″	720.	2. 10. ″	75. ″ ″	900.
A chaque Maréchal-des-logis en chef, une livre en paix; & une livre huit deniers en guerre.....	1. ″ ″	30. ″ ″	360.	1. ″ 8	31. ″ ″	372.
A chaque Maréchal-des-logis ou Fourrier, seize sous en paix; & seize sous huit deniers en guerre.	″ 16. ″	24. ″ ″	288.	″ 16. 8	25. ″ ″	300.
A chaque Brigadier, dix sous quatre deniers en paix; & onze sous en guerre.............	″ 10. 4	15. 10. ″	186.	″ 11. ″	16. 10. ″	198.
Au premier Appointé de chaque compagnie, huit sous huit deniers en paix; & neuf sous quatre deniers en guerre.................	″ 8. 8	13. ″ ″	156.	″ 9. 4	14. ″ ″	168.

	PIED DE PAIX.			PIED DE GUERRE.		
	Par jour.	Par mois.	Par an.	Par jour.	Par mois.	Par an.
A chaque autre Appointé, huit sous deux deniers en paix; & huit sous dix deniers en guerre.....	″l 8s 2d	12l 5s ″d	142l	″l 8s 10d	13l 5s ″d	159l
A chaque Cavalier, sept sous huit deniers en paix; & huit sous quatre deniers en guerre......	″ 7. 8	11. 10. ″	138.	″ 8. 4	12. 10. ″	150.
Au premier Trompette de chaque régiment, seize sous en paix; & seize sous huit deniers en guerre..	″ 16. ″	24. ″ ″	288.	″ 16. 8	25. ″ ″	300.
A chaque autre Trompette, quinze sous en paix; & quinze sous huit deniers en guerre.....	″ 15. ″	22. 10. ″	270.	″ 15. 8	23. 10 ″	282.
ÉTAT-MAJOR.						
Au Mestre-de-camp-commandant de chaque régiment, onze livres deux sous deux deniers deux tiers en paix; & treize livres dix-sept sous neuf deniers un tiers en guerre..................	11. 2. $2\frac{2}{3}$	333. 6. 8	4000.	13. 17. $9\frac{1}{3}$	416. 13. 4	5000.
Au Mestre-de-camp en second, cinq livres en paix; & six livres cinq sous en guerre..........	5. ″ ″	150. ″ ″	1800.	6. 5. ″	187. 10. ″	2250.
Au Lieutenant-colonel, dix livres onze sous un denier un tiers en paix; & treize livres trois sous dix deniers deux tiers en guerre..................	10. 11. $1\frac{1}{3}$	316. 13. 4	3800.	13. 3. $10\frac{2}{3}$	395. 16. 8	4750.
Au Major, huit livres dix-sept sous neuf deniers un tiers en paix; & onze livres deux sous deux deniers deux tiers en guerre....	8. 17. $9\frac{1}{3}$	266. 13. 4	3200.	11. 2. $2\frac{2}{3}$	333. 6. 8	4000.
Au Quartier-maître-trésorier, trois livres six sous huit deniers en paix; & quatre livres trois sous quatre deniers en guerre.......	3. 6. 8	100. ″ ″	1200.	4. 3. 4	125. ″ ″	1500.
A chaque Porte-étendard, deux livres en paix; & deux livres dix sous en guerre..............	2. ″ ″	60. ″ ″	720.	2. 10. ″	75. ″ ″	900.
A chaque Adjudant, une livre dix sous en paix; & une livre dix sept sous six deniers en guerre..	1. 10. ″	45. ″ ″	540.	1. 17. 6	56. 5. ″	675.
Au Chirurgien-major, trois livres six sous huit deniers en paix;						

27 janvier 1784

	PIED DE PAIX.			PIED DE GUERRE.		
	Par jour.	Par mois.	Par an.	Par jour.	Par mois.	Par an.
& quatre livres trois sous quatre deniers en guerre.	3l 6s 8d	100l ″s ″d	1200l	4l 3s 4d	125l ″s ″d	1500l
A l'Aumônier, une livre treize sous quatre deniers en paix; & deux livres un sou huit deniers en guerre.	1. 13. 4	50. ″ ″	600.	2. 1. 8	62. 10. ″	750.
Au maître Maréchal, seize sous huit deniers en paix; & dix-sept sous quatre deniers en guerre. . .	″ 16. 8	25. ″ ″	300.	″ 17. 4	26. ″ ″	312.
Au maître Sellier, seize sous huit deniers en paix; & dix-sept sous quatre deniers en guerre. . .	″ 16. 8	25. ″ ″	300.	″ 17. 4	26. ″ ″	312.
A l'Armurier, sept sous huit deniers en paix; & huit sous quatre deniers en guerre.	″ 7. 8	11. 10. ″	138.	″ 8. 4	12. 10. ″	150.

A PARIS, DE L'IMPRIMERIE ROYALE. 1784.

www.ingramcontent.com/pod-product-compliance
Lightning Source LLC
LaVergne TN
LVHW010251230826
846091LV00007B/2918
9782329347271